Erantislygten

18 salmer fra advent til kyndelmisse

Merete Bandak

Erantislygten

18 salmer fra advent til kyndelmisse

BoD

Af samme forfatter

Fra januar til december, 12 månedssalmer 2022, BoD
- 1. bog i serien 'Salmer på vej'
Drik af mit egeblad, 13 salmer om natur, klima og handling
- 2. bog i serien 'Salmer på vej'

Gud, ord og himstregimser, familieoplæsningsbog, 2022,
Forlagsgruppen Lohse

Et håb på størrelse med en myg, roman, 2018, Forlaget eksistensen

Salmer i salmedatabasen Salmer.dk

Erantislygten, 18 salmer fra advent til kyndelmisse
- 3. bog i serien 'Salmer på vej'

© Merete Bandak 2023
Sat med skriften Bookman Old Style
Forlag: BoD - Books on Demand, Hellerup, Danmark
Tryk: BoD - Books on Demand, Norderstedt, Tyskland
ISBN 978-87-4301-410-2

Vinteren får os til at skutte os. Trække skuldrene op om ørerne. Slå kraven op eller hætten. Fra novembermørket går vi ind i december hvor dagene bliver stadig kortere, og vinteren kan se ud som en lang og tung opgave at komme igennem. Men i den kolde og mørke tid tænder vi lys og skruer op for varmen. Rykker os sammen. Fejrer advent, jul, hellig tre konger og endelig kyndelmisse. Og naturen som lukker ned, forbereder sig næsten ubemærket på en ny runde. På forår. Vinteren er aldrig kun mørke og kulde. I mørket og kulden gemmer sig det varmeste og klareste lys. Betlehemsbarnet. Stjernenatsfrakken. Erantislygten.

1. Et trøsteår, et jubelår,
som det profeten drømte om
hvor blinde ser og lamme går
og den der slæber tunge læs
og den der plages af sin stress
og frygt for skjulte farer
kan se sig om med ryggen fri
og synge glad en melodi
med teksten: Guds barmhjertighed
Det ber vi om og råber: Kom!
Immanuel, Guds søn, vor fred!

Et trøsteår, et jubelår,
som det profeten drømte om
ud over alt hvad vi forstår
hvor skyld og gæld blir streget ud
hvor ingen råt må stå for skud
som syndebuk for andres
og egne mangler, fejl og brist
Lad den der altid kommer sidst
få førsteplads i kærlighed
Det ber vi om og råber: Kom!
Immanuel, Guds søn, vor fred!

Et trøsteår, et jubelår,
som det profeten drømte om
hvor ingen aldrig bussen når
hvor ingen flygter fra en krig
hvor ingen nat skal høre skrig
hvor alle plukker liljer
i engen grøn af frodigt græs
til vibesang og vilde gæs
Et liv som endnu ingen ved
det ber vi om og råber: Kom!
Immanuel, Guds søn, vor fred!
2020

2. Jeg spejder efter Herren
Jeg venter på min frelses Gud
Min Gud vil høre mig

Jeg bor i mørke
Men Herren er mit lys
Jeg bor i mørke
Men Herren er mit lys
                    2020

3. I fængslets kolde kældermørke
gnaver tvivlens mide
i troens glade røde frugter
Man kan aldrig vide!

I går var jeg en Guds profet
i dag Herodes' fange
Før var min stemme en trompet
nu visner mine sange

I går var troen ganske nem:
Se Jesus, han er manden!
I dag med lænken om min fod
jeg venter på en anden

Hvor går jeg hen når tvivlen truer
troens frugt og stamme?
Jeg sender bud til ham som tvivlen angår
med det samme

Jeg venter ikke –
tænk hvis ormen åd min tro til døde
Da frygter jeg en evig fremtid
dermed var lagt øde

'De blinde ser, de døve hører,
lamme klapper hænder,
til fattig lyder glædesbud'
er svaret, Jesus sender

Her er en smag af salighed
jeg takker dig for tegnet
og ser det netop til en fattig fange
er beregnet

Vi takker for tålmodighed
med vores tvivlerier
og priser dig fordi vi kender
tvivleres befrier

1994

4. Et snefnug på min tunge
en vimpel blafrer i østlig vind
en kulde i min lunge
december hakker min vinterkind

En hund med stive lemmer
og hårde negle mod flisens frost
metallisk smæk der skræmmer
en døsig solsort, en lyd af post

På sundet flokkes ænder
og blishøns blander med svaner blod
jeg møder en jeg kender
vi trykker hænder og fatter mod

I vintermørket fødes
en drøm om forår og fællesskab
om fjender der kan mødes
om fugleunger og fyldte gab

Vi tænder lys i kransen
og slår om lyset og varmen ring
om juletræet dansen
der minder os om de største ting

Jeg holder dig i hånden
Kom, lad os tilgi' de onde ord
Kom, lad os sprede ånden
fra ham der sendte sin søn til jord

Et under på min tunge
mit hjertekammer er Betlehem
en varme i min lunge
december viser os vejen hjem

Halleluja i kirken
til Julebarnet og barnets Far
Halleluja i verden
Guds kærlighed – den er åbenbar!
2012

5. Befalingen udgår af magtens mund
og rammer det fjerneste øre
generer som glam fra en natlig hund
Nu er der kun én ting at gøre
at gå i den retning dekretet si'r
for magten er mer end en lap papir

Befalingen skubber og støder frem
man vandrer ad veje og stier
et par er nu nået til Betlehem
hvor hundene skæver og tier
og hvor skal hun føde? hun er gravid
at finde et sted er på høje tid

Nu sker der i storrigets glemteste krog
i selskab med æslet og koen
hvad ikke står skrevet i magtens bog
men eneste kendes af troen:
Maria gi'r liv til den Højestes søn
og himlen gir' genlyd af tak og bøn
                                    2012

6. I nat da lanternen var slukket
og byen var gået i seng
og lågen til lammene lukket
blev født en vidunderlig dreng

I nat var der budskab om glæde
I nat var der engle på spil
en hyrde begyndte at græde
Begrib det nu alle der vil:

'En frelser er født i en lade
han kommer til Jorden med fred
Frygt ikke, men vær nu blot glade'
var englenes julebesked

Og palmer begyndte at svinge
og engle begyndte at le
og klokker begyndte at ringe
'Den lade, den må vi bese!'

I nat er der engle i rummet
med budskab om glæde på Jord
bekymringer, de er forstummet
vi følger i hyrdernes spor
                    2012 og 2021

7. Englene synger: Fred over jord
fred til planeten hvor mennesker bor
Hyrder på marken blir vækket af sang
Himmelske toners fortættede klang
Omkvæd
Kom lad os sprede
sange og glæde
Nu er til stede i stjerneklar nat
barnet i stalden, vor kæreste skat

Barnet i stalden håbet om fred
Gud i et barn på det fattigste sted
Betlehemsbarnet på arm hos sin mor
Løftet om frelse og fred på vor jord

Åben dit hjerte, åben dit blik
Tæl himlens stjerner, sig tallet du fik
Gud i det mindste og Gud over alt
Evighedsfyrste og barn, som fortalt

Lad universet juble i fryd
Julen er her, lad din glæde få lyd
Gaven er givet, en kærlighedsakt
Fredsbarnet hersker med kærlighedsmagt
2022

8. Altid mer
end vi ser
Giv os troens øre
Syng dig ind
i mit sind
kys min kind
Jesusbarn, det må du gøre!

Åbenbar
hvad du har
i din vuggegave:
julefred
offersted
kærlighed
åbent hus i Edens have

Du er her
ganske nær
holder mig i hånden
blev min bror
Gud på Jord
dig vi tror
åbn os med Helligånden

Du er først
du er størst
Kristus i det høje
stjernesol
himmelpol
nådestol
vi for dig os dybt vil bøje
                    2013

GOBLIN.

9. Tre vismænd fra Irak med blik for en stjerne
beslutsomme viljer og sans for de fjerne
profetiske udsagn i jødiske skrifter
om fred og om kommende frelsesbedrifter

ta'r sadlerne frem og bestiger kamelen
ta'r afsked og lægger sig kraftigt i selen.
Med flammende hjerter de rider af sted:
'Hvis der kommer fred nu, vil vi være med'

'Messias skal fødes' er løftet de følger
Messias er navnet på land og på bølger
de hylder og håber på under den stjerne
der viser dem vejen, de rider så gerne

Jerusalem skjuler den skat de skal finde
de tænker på storhed og famler i blinde.
I udkanten Betlehem finder de skatten:
Et barn i en stald i en krybbe om natten

De knæler for barnet, vi knæler med dem
de frembærer gaver, og vi bærer frem
vor hyldest og tak: Du er mer end profet
det dejligste barn som på Jorden er set

Messias, Den Salvede, Frelser, Befrier
du kommer som kaldet med fred og forliger
de stridende hjerter og parter i verden.
Tag bolig iblandt os og led vores færden
2015

10. I stjerneskin
med smil på kind
og hjerter fyldt af kærlighed
tre vise mænd
gik stille hen
til Gud med hver sin hem'lighed

I ydmyghed
jeg knæler ned
og rækker dig min hem'lighed
Min Herre god
tag vel imod
din pris og min taknemlighed

Min Gud, til hvem
skal jeg gå hen?
Du har al magt og er min ven
Du ser min nød
giv dagligt brød
Min hem'lighed – du kender den

Min Gud og Far
her står jeg bar
og kommer som den yngste søn
Jeg græmmes ved
min hem'lighed
Forlad min skyld, det er min bøn
                              2012

11. De lange skygger – de korte dage
den hvide sol og den sorte busk
I rønnen hænger to bær tilbage
Nu skælver tagrørets silkedusk

I træet duen – på marken kragen
de søger læ, og de søger mad
og under barken på træet larven
der skjult fordøjer et vissent blad

En måge tramper – sig varm i kulden
vil ikke standse, gi'r ikke op
en regnorm vover sig op af mulden
en arbejdsløs søger stadig job

De trange tider – kun langsomt skrider
Gud, giv os mod og tålmodighed
du har jo hjerte for den der lider
vi be'r dig: Varm os med kærlighed!

I fuglens fløjten – jeg hører råbet:
Der kommer tid og der kommer råd!
For alt i verden: Bevar dog håbet!
skønt den er skjult nu, den røde tråd

Et forår venter – en sommer kommer
og den som tror og som holder ved
skal møde Gud som en nådig dommer
når tiden rammes af evighed

2012

12. Rimfrostens gnistren i golfbanens græs
regnbuens farvekrystaller
nulpunktets nu under trækkende gæs
dråben der segner og falder
Bristende nærhed som is der bliver knust
Ånde der udstødes pust efter pust

Spurve i skjul i buskadser og krat
musvågers svæv over byen
unge der frygter ved dag og ved nat
lurende angreb fra skyen
frygter eksamen og sygdom og svigt
ulykker, uheld og ansvar og pligt

Alderdom lister sig snigende frem
lydløse tamkattepoter
unge blir voksne der selv stifter hjem
Barndom og hengemte noter
ligger på lofter i hinder af støv
vigende minder som smuldrende løv

Giv os et tegn på din godhed og magt
Lær os at hvile og takke
Mind os om regnbuens trofasthedspagt
Åbn din stjernenatsfrakke
Varm os med faderlig nærhed og fred
Fri os fra mismod og frygt for fortræd
2013

13. Sneen hviler tungt på grenen
stilhed fylder skovens rum
drys fra kvisten rammer stenen
fuglen pusler stille, stum

Sneens hvide hud har rynker
krepper, krøller, aldersramt
spor fra hund og hare synker
blander sammen vildt og tamt

Bøgens brune blade dirrer
slipper nødig stilkens greb
og et solstrejf kun forvirrer
til en kamp med klør og næb

Lyt til fiskehejrens klage
som den glider over skov
Slip det liv du har tilbage
Gør det blot, vær ikke flov

Under sneen er en flade
hård og klar med vældig klang
når du rammer med en spade
høres isens vintersang:

Lær af skovens dyr og fugle
Vær du blot en lille mus
der bliver fanget af en ugle
med et vældigt vingesus

Gud ved alt om år og alder
du skal ikke holde fast
han vil gribe når du falder
står med bladet last og brast

Jesus gik sin død i møde
fulgte hvedekornets lov
først: i jorden for at bløde
så: en evig bøgeskov

Tak for fiskehejrens klage
Tak for isens vinterklang
Vi skal ikke døden smage
Vi skal prise Gud med sang
                              2012

Mel: Hvilestunden er i vente, Th. Laub 1917

14. Erantis kommer først, se under sneen
Der gemmer sig en vinterfrossen sol
Lad koppen stå og andre drikke teen
og rejs dig fra din lune lænestol
Omkvæd
Vi bøjer os ved nytårstid
og finder under sneen hvid
et smilende mirakel
der rammer hjertet med et gult spektakel

At solen blomstrer under sneens dække
og hilser os med kæk frimodighed
må tæmme frost og vinterkulde knække
så fjender melder pas og slutter fred

Den lille gule kriger uden våben
er skrøbelig og dog så heltestærk
den møder verden forsvarsløs og åben
og baner vejen for et underværk

Så januar har vintergult i sinde
erantisblomsten smitter med humør
og barn og voksen, gammel, mand og kvinde
ja alle køn får kræfter og kulør

Nu klør jeg på og gemmer på din farve
erantisblomst, min vinterfavorit
og håber på at ingen lurvet larve
vil gnave af din sprøde kolorit
                          2022

15. Guds rige er som et sennepsfrø
lægges i jorden for så at dø
Tre dage efter af graven gold
Halleluja, halleluja!
opstår det frisk og gi'r hundred fold

Som planten spirer og vokser, Gud
folder du Himmerigs grene ud
I os og om os vi ser det gro:
Halleluja, halleluja!
frihed og fred springer ud, og tro

et træ hvis grene til himlen når
kronen i stedsegrøn skønhed står
Fugle og folkeslag slår sig ned
Halleluja, halleluja!
finder i Gudsriget liv og fred

Og folkets næring er vin og brød
kraften af Frelserens liv og død
Her er opstandelsesmad at få
Halleluja, halleluja!
glæde og kræfter til store, små

At du gi'r vækst er en gave stor
Så kan vi sprede dit ord på jord
uden bekymring om kraft og magt
Halleluja, halleluja!
Ordet blot virker som du har sagt

Så tak da, Gud, for den kærlighed
som du forkæler din kirke med
Giv os at se til vor næstes nød
Halleluja, halleluja!
og ikke nægte ham dagligt brød

men ligne dig i barmhjertighed
vokse i fred og forsonlighed
Dig vil vi prise i evighed!
Halleluja, halleluja!
Gudsrigets herlighed varer ved!
2011

16. Gæk gæk vintergæk
gåsetræk i ét væk
ud at gå, hætte på
blæsevejr og skyer grå

Omkvæd
Væk, før klokken bliver fire
hver en lille frossen spire
Tag din store hånd og skriv:
'Her skal være evigt liv'

Kom igen forårsvind
varm min hvide vinterkind
Sving din tryllestav
over hver en frossen grav

Lad det sommertø
sig at intet mer skal dø
Lad det hænde nu
Før jeg når at sige sgu

Omkvæd
Væk, før klokken bliver fire
hver en lille frossen spire
Tag din store hånd og skriv:
'Her skal være evigt liv'

2020

17. Sol i vest
kold og nådeløs direkte
Østlig blæst
håner halstørklædets uld
Februar
skelner mellem falsk og ægte
Her vi har
vintergækkens hvide guld

Bølgen blå
spejler solens svejseflamme
Øjet må
søge dækning bag sit låg
Jamen flygt!
Sol forfølger mig, vil ramme
Helt forrykt!
som det minder om en bog

eller drøm
hvor man hindres i at flygte
Strøet søm
på samvittighedens vej
Det står klart
jeg er værre end mit rygte
Ikke rart
det er alvor, ikke leg

Vintergæk
evighedens sandhedsvidne
frisk og fræk
taler alvor med et smil:
Gud er god!
Sen til vrede! Lyse tidende!
Så fat mod!
Kom til ham du hører til!

Februar
maskespillets tid får ende
Ganske bar
står jeg op af dommens grav
Forårsfri
kan jeg roligt bladet vende
Indeni
tar jeg bad i nådens hav
2013

18. Tænd os et lys i mørket
varmt og erantisgult
hils os med lyn og stjerneskud
vis dig, vær ikke skjult

Kom, gå forbi med din lygte
find os i Februarland
Hvis ikke du kan finde os
så er der ingen der kan

Find os som dengang i haven
Adam og Eva løb væk
tænkte at skjule sig er nemt
gemte sig bag en hæk

Lys med erantislygten
så kan vi finde vej
Blæs med din varme ånde nu
så vi kan mærke dig

Giv os en plads i verden
- det vil vi bede om -
dér hvor dit ansigt lyser mest
kærligt og ikke til dom

Gud, sæt dit lys i stagen
her i dit kirkehus
og lad det aldrig brænde ud
evigt erantisblus
2019

1. Et trøsteår, et jubelår

Merete Bandak, 2020

Torsten Borbye Nielsen, 2020

2. Jeg spejder efter Herren

3. I fængslets kolde kældermørke

Tekst (C): Merete Bandak 94
Musik (C): Jesper Madsen 96

4.

Et snefnug på min tunge

Tinebeth Hartkopf
oktober 2022

5. Befalingen udgår af magtens mund

Tekst: Merete Bandak, 2012

Musik: Torsten Borbye Nielsen 2020

6. I nat da lanternen var slukket

Tekst: Merete Bandak

Melodi: Kristian la Cour

7. Englene synger

8. Altid mer end vi ser

Merete Bandak

Torsten Borbye Nielsen 2016

9. Tre vismænd fra Irak

Tekst: Merete Bandak, 2015

Melodi: Finn Evald, 2015

11. De lange skygger

Tekst: Merete Bandak 2012

Musik: Torsten Borbye Nielsen 2020

14. Erantis kommer først

16. Gæk, gæk, vintergæk

Merete Bandak, 2020

Torsten Borbye Nielsen, 2020
Arr. Lena Maaløe

17. Sol i vest

Tekst: Merete Bandak 2021

Musik: Carsten og Torsten Borbye Nielsen 2021

18. Tænd os et lys i mørket

Merete Bandak

Torsten Borbye Nielsen

Melodier

Torsten Borbye Nielsen, guitarist, kirkemusiker, komponist og ansat i Areopagos som præst med særligt fokus på spiritualitet, koncerter med trioen Tresafinado og det keltiske ensemble Vindens vej

Kristian La Cour, højskolelærer, Askov Højskole, visesanger og komponist af sange og salmer i Højskolesangbogen, DGI-sangbogen, 100 salmer og Kirkesangbogen

Tinebeth Hartkopf, sangpædagog, organist og sangskriver, Løgumkloster, Sønderjylland

Jesper Madsen,†1999, organist og komponist, ansat ved Klosterkirken i Nykøbing Falster 1982-1997 og ved Vor Frelsers Kirke i Esbjerg frem til sin død som 41årig

Finn Evald, komponist og organist, tidligere ansat ved Roskilde Domkirke og leder af Roskilde Domkirkes Drengekor

Carsten Borbye Nielsen, seminarielærer, Den frie Lærerskole i Ollerup, korinstruktør, medlem af vokalgruppen KVINT

Illustrationer

Anita Goblin Rasmussen, billedkunstner, designer af alt muligt i papir, på papir, med akryl på papir og på lærred, 'Kunst skal ikke være så kompliceret', driver galleriet Goblin i Nysted

Hjemmeside og kontakt

www.nyesalmer.org - mebandak@gmail.com

Salmeoversigt